教師のための携帯ブックス⑰
健一中村の絶対すべらない授業のネタ78

中村健一 編著　教師サークル「ほっと〇〇」協力

黎明書房

はじめに

　私は『担任必携！　学級づくり作戦ノート』（黎明書房）などの著書で学級づくりの大切さを力説しています。
　学級づくりの土台の上に，授業づくりがあると思うからです。この考えは変わりません。

　しかし，学校生活の大部分は，授業です。
　授業がつまらなければ，学校はつまらなくなってしまうでしょう。子どもたちのためにも，やはり授業は楽しく行いたいものです。

　そこで，本書では，授業を楽しくするネタを集めました。
　中村健一が責任を持って厳選しお薦めする，絶対にすべらない授業のネタの数々です。

「材料七分に腕三分」という言葉が料理の世界にはあります。たとえば，ものすごく上等のトロを仕入れたとしましょう。どんな料理をつくろうが，そこそこおいしいはずです。
　いや，そこそこではないですね。きっと，ものすごくおいしいはずです。
　今回は，そんなおいしい材料，ネタを集めました。
　テレビのバラエティー番組に慣れてしまった子どもたちも

「おいしい！」と言ってくれるような良ネタばかりです。

　集めてくれたのは，愛知県の教師サークル「ほっとタイム」のメンバー。梶川高彦氏とその仲間たちです。
　今回の本では「ほっとタイム」のメンバーと一緒に仕事ができた喜びが大きいですね。

　梶川氏たちとは，若い先生を救いたいという思いを共有する同志です。
　「ほっとタイム」は毎年3月，学生向けにセミナーを企画してくれています。
　厳しい現場に出る前の若手に，なんとか武器を手渡したいと考えているからです。
　そのセミナーには，毎年のべ100人を超す学生が集まります。
　この本も現場に出て戦う若い仲間たちの援護射撃になれば嬉しいです。

　子どもたちも笑顔。先生も笑顔。
　「ほっとタイム」のメンバーも私も，日本全国の教室に笑顔があふれることを祈っています。
　　　　2015年8月1日

編著者　中村　健一

もくじ

はじめに 1

国　語 ……………………………………………… 9

❶ 「右」と「左」の一画目の覚え方　10
❷ ダウトで覚える新出漢字　11
❸ 隠された言葉を探せ　12
❹ 班対抗！　偏（へん）と旁（つくり）ジャンケン　14
❺ 知らない言葉で無理やり短文づくり　15
❻ しりとり川柳合戦　16
❼ 遠足のお菓子批評作文　17
❽ 友達の漢字をつくろう！　18
❾ 新出漢字でヘンテコ作文　19
❿ 「目の運動」で音読を鍛える　20
⓫ スピード音読　21
⓬ 音読の前に指揮棒を使って発声練習　22
⓭ 怖い話でストーリーテリング　23
⓮ インタビュー読み取り　24

❶⓮ 「始」と「初」の違いは英語で覚える　25
❶⓯ 「子」という漢字に込められた意味　26

算　数　…………………………………… 27

❶ 三角定規にあだ名をつけよう　28
❷ 11 × 11，111 × 111 で筆算の練習　29
❸ 分母と分子の間の線は？　30
❹ 大富豪になってお買い物　31
❺ 先生の間違ったプロフィール　32
　―小数点の位置はどこ？―
❻ 点点アール君と百目のヘクタールさん　33
❼ 円周率暗記コンテスト　34
❽ 牛乳一気飲み戦法　35
❾ ナスカの地上絵　36
❿ 3 桁のゾロ目は必ず 3 で割り切れる　37
⓫ 数の数え方の秘密　38
⓬ くるくる回る不思議な数字　39
⓭ 十二支で時刻を　40
⓮ カレンダーの日付の和を当てる　41
⓯ 二進数を使えば片手で 31 まで数えられる　42
⓰ 何人正解するか？　予測ゲーム　44

理　科 ……………………………………… 45

- ❶ 顕微鏡マスター　46
- ❷ メタルスライム　47
- ❸ お札は磁石にくっつくか？　48
- ❹ モーターから音がする　49
- ❺ 鏡で光リレー　50
- ❻ この水はどこから？　51
- ❼ 成長ピクチャー　52
- ❽ ホウセンカネイル　53
- ❾ 色つきカーネーション　54
- ❿ 植物の成長パワー　55
- ⓫ 実験用てこドキドキゲーム　56
- ⓬ 台風はどっち回り？　57
- ⓭ 月と太陽と地球の大きさくらべ　58
- ⓮ 内臓カルタ　59
- ⓯ 落ちない10円玉　60

社　会 ……………………………………… 61

- ❶ 地図記号神経衰弱　62
- ❷ 「救急」の文字が左右反転しているのはなぜ？　63

- ❸ 都道府県名何個言えるかチャレンジ！　64
- ❹ 都道府県ラリー　65
- ❺ 面積が広い順に並べよ　66
- ❻ 世界一の豪雪地帯はどこ？　67
- ❼ 季節風は動作化で覚えよう　68
- ❽ 雪の重さはどれくらい？　70
- ❾ 台風の上陸が一番多い都道府県は？　71
- ❿ サトウキビをしゃぶろう会　72
- ⓫ ペーパークラフト自動車生産バトル　73
- ⓬ 歴史の授業は時代暗唱から　74
- ⓭ 「同じが勝ち」で重要語句を確認　75
- ⓮ ペリーが開国を迫った本当の訳　76
- ⓯ 歴史上の人物で「夢」の野球チームをつくろう　77
- ⓰ 何でも暗唱　78

共通＆グッズ　79

- ❶ 学習規律は合い言葉で　80
- ❷ 聞いていた？　突然常識クイズ　82
- ❸ 授業の最初，ノートは逆から使わせる？　83
- ❹ 授業の最初にタイムアタ〜ック！　84
- ❺ 班の中で番号を決めておく　85
- ❻ 列全員が挙手したら指名　86

- ❼ 列対抗リレークイズ大会　87
- ❽ スーパー早押しピンポンブー　88
- ❾ 色つき紙コップ　89
- ❿ 多面体サイコロ　90
- ⓫ 騒音計　91
- ⓬ ○×ピンポンブー　92
- ⓭ 両面名札　93
- ⓮ 卓上ベル　94
- ⓯ 変わり差し棒　95

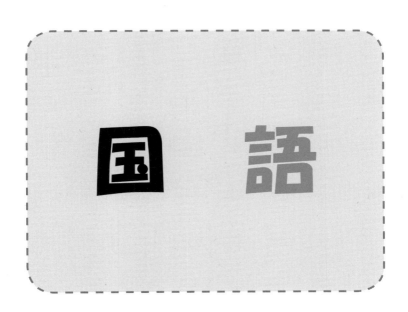

1 「右」と「左」の一画目の覚え方

　「右」と「左」の書き順は，紛らわしくて覚えにくいものです。しかし，この方法なら，子どもたちも一発で覚えられます。

すすめ方

① 教師は黒板に「右」と「左」を書く。
② 「『右』は，『みぎ』から書くから，一画目は右上から縦に書く」と説明しながら，「右」の一画目だけ赤でなぞる。

③ 「『左』は，『ひだり』から書くから，一画目は左から横に書く」と説明しながら，「左」の一画目だけ赤でなぞる。
④ 何度か説明すると，「右」と「左」の書き順を間違える子がいなくなる。

(鈴木)

② ダウトで覚える新出漢字

新出漢字を5つ書いて友達に見せます。しかし，その中には1つダウト（間違い）が隠されています。ダウトを見破れば勝ちというゲームです。

すすめ方

① 2人組になってジャンケンをして，先攻，後攻を決める。
② 先攻の人は，新出漢字を5つ書く。その時，1つだけダウト（間違い）を入れる。
③ ダウトは，ハネをなくしたり，点を打ったりと細かいもので良い。
④ 先攻が後攻に5つの漢字を見せる。10秒以内にダウトを見破れば，後攻の勝ち。見破られなければ，先攻の勝ち。
⑤ 攻撃を交代して，②〜④を行う。くり返して行い，どちらがたくさん勝てるか勝負するのも楽しい。

（奥井）

3 隠された言葉を探せ

　たくさんのひらがなの中から，お題に合った言葉を探すゲームです。語彙量UPに役立ちます。

すすめ方

① 　ひらがながたくさん書いてある紙を用意する（12字×12字がベストだが，学年に応じて変えてOK）。子どもたちに1人1枚ずつ配る。

② 　教師は「このひらがなの中に動物の名前が隠れています。縦，横，斜めから探して，見つけたら○で囲みましょう。たくさん見つけた人が優勝です」と言う。

③ 　子どもたちは2分間で動物の名前を探し，○をする。

④ 　○の数を数え，一番多く動物の名前を見つけた子が優勝。優勝者にはみんなで拍手を贈る。

⑤ 　他にも「くだものの名前」「性格を表す言葉」「クラスの友達の名前」など何でもできる。漢字で熟語や人名などを探すバージョンも考えられる。　　　　　　　　　　　（成田）

ワークシート例「性格を表す言葉」(縦12字×横11字)

お	ふ	か	ひ	ら	み	こ	た	じ	ら	し
ひ	こ	ん	じ	よ	う	も	の	し	あ	ず
と	せ	だ	れ	き	つ	た	か	ん	ゆ	か
よ	ま	い	し	や	の	る	し	か	に	へ
し	じ	ん	ぎ	し	さ	ゆ	こ	せ	ー	に
く	め	ひ	い	ち	ひ	し	い	う	く	ん
も	し	ん	せ	つ	た	じ	さ	ひ	せ	た
ゆ	あ	そ	り	は	む	え	あ	か	る	い
げ	ろ	ば	ぬ	て	き	す	か	ね	け	ろ
ん	く	よ	り	ど	な	ん	わ	つ	よ	ち
き	の	え	が	お	め	こ	い	し	わ	あ
ず	た	れ	お	も	し	ろ	い	ん	き	は

縦の答え：おひとよし，かんだい，しずか，かしこい，ゆにーく，まじめ，ひたむき，げんき，かわいい，ねっしん，よわき，じしんか
横の答え：こんじょう，たかん，しんせつ，あかるい，おもしろい，いんき
斜めの答え：こうきしん，やさしさ，たのしい，きくばり，すなお

④ 班対抗！ 偏（へん）と旁（つくり）ジャンケン

> 偏のカードと旁のカードを合わせて漢字をつくれば高得点というジャンケンゲームです。子どもたちは，偏と旁を組み合わせながら，楽しく漢字を覚えます。

すすめ方

① 4人班に分かれる。班対抗で行うゲーム。
② 1人に4枚，白紙のカードを渡す。偏と旁でできている2つの漢字を選び，4枚に偏と旁を分けて書く。
③ 子どもたちは自由に立ち歩き，他の班の人とジャンケンをする。勝ったら1枚もらう。負けたら，1枚渡す。その際，どんな偏や旁が書かれているかは見ない。
④ 制限時間は，2分。時間がきたところで班ごとに集まり，集計する。カード1枚につき，1点。偏と旁を組み合わせて漢字ができたら，5点ずつ加点。
⑤ 合計点の多い班が優勝。

（奥井）

5 知らない言葉で無理やり短文づくり

　知らない言葉の意味を想像して，短文をつくります。本当の意味を知って，大爆笑。無茶苦茶な文章ができあがっています。

すすめ方

① 教師は「『郷愁』という言葉を使って短文をつくりなさい」と指示する。子どもたちは「郷愁」の意味を想像して文章を書く。
② 発表させると，「昨日，郷愁を食べたらおいしかったです。」「僕は，郷愁だけは知りたくない。」など出る。
③ 子どもたちに「郷愁」の意味を辞書で調べさせる。すると，無茶苦茶な文章であることに気づく。そして，笑いが起きる。
④ 教師が「『郷愁』って，故郷に帰りたくてたまらない気持ちのことだよ。『郷愁』食べるの!?」とツッコむと，笑いはさらに大きくなる。
⑤ 他にも「伊達」「胡乱（うろん）」「恵比寿顔」などがオススメ。　　　　　　　　　　　　　　　　　　（梶川）

6 しりとり川柳合戦

5・7・5の音でしりとりをします。苦し紛れに出た川柳に子どもたちは大笑い。教室が笑いに包まれます。

すすめ方

① 3人組vs3人組で対決するゲーム。それぞれのチームで，5音，7音，5音の担当を決める。
② 先行チームが，自分の担当する音を順番に考え，5・7・5がしりとりでつながる川柳を考え発表する。
 例）「オムライス」「すべてまるこげ」「激マズだ」
③ 次は，後攻チームが，5・7・5がしりとりでつながる川柳を考え，発表する。
④ 先行，後攻が交互にしりとり川柳を発表する。15秒以内に発表できなければ負け。
⑤ 制限時間が迫ると，子どもたちは無理矢理ひねり出す。「コスモスが」「がちょうと一緒に」「煮込まれた」などの迷句に笑いが起きる。

(杉浦)

7 遠足のお菓子批評作文

　お菓子を星5つで評価し，批評する作文を書きます。学校にお菓子の袋を持ってくるのは，本当はいけないことです。しかし，そのドキドキ感が子どもたちの作文を書く意欲につながります。

すすめ方

① 子どもたちは，遠足で食べたお菓子の袋を1つだけ捨てずに取っておく。そして，次の日，学校に持ってくる。

② まず，そのお菓子が星いくつなのか評価する。「このお菓子は星5つです。」などと書き始める。

③ 続けて，「理由は3つあります。」と書く。

④ 袋の絵や字，お菓子の味や色などから，理由を3つ考えて書く。袋に残っているにおいを表現させると良い。

⑤ ネーミングがお菓子の特徴を表していることも多い。そこに触れさせると，面白い作文ができあがる。　　　　　（梶川）

⑧ 友達の漢字をつくろう！

漢字を組み合わせて，友達を表す創作漢字をつくります。漢字の学習をしながら，子ども同士をつなげましょう。

すすめ方

① 教師は「鱏」という創作漢字を提示する。子どもたちは見たことのない漢字の登場に興味を持つ。

② 「先生がつくった漢字です。この漢字はクラスの誰かを表しています。誰か分かりますか」と聞く。正解を答えた子に拍手を贈り，「野球が好きでよくおかわりしてくれるから，○○くん」と意味を説明する。

③ 子どもたちにも，友達の漢字をつくらせる。ただし，人が傷つくような漢字はつくらないように厳しく言う。

④ 10分間でできるだけ多くの漢字をつくる。子どもたちは「箕（バドミントンが好きでよく笑う）」「劵（絵が上手で力持ち）」などの漢字をつくる。

⑤ 班に分かれて，つくった漢字を発表する。クイズ形式で発表すると楽しい。　　　　　　　　　　　　　（入江）

⑨ 新出漢字でヘンテコ作文

国語

> 新出漢字をたくさん使って文章を書いた人が勝ちというゲームです。新出漢字を無理やり使ったヘンテコな文章に笑いが起きます。

・・・・・・・・・・・・・・・・・・・・・ すすめ方 ・・・・・・・・・・・・・・・・・・・・・

① 新出漢字を学習した後，教師は「これらの漢字をできるだけ多く使って文章を書きます。たくさんの新出漢字を使えた人が優勝です。少々変な文章でも構いません」と言う。

② 子どもたちは，3分間で文章を考えて書く。

③ 一番多く新出漢字を使って文章を書いた子が優勝。立たせて，賞品の拍手を贈る。

④ いくつか発表させる。「<u>勇</u>ましい<u>別</u>れを<u>包帯</u>で<u>包</u>んで<u>泣</u>いた。」などのヘンテコな文章に笑いが起きる。　　　（中嶋）

10 「目の運動」で音読を鍛える

すらすらと音読するためには,「目の力」が必要です。「目の運動」を継続的に行って,音読の力を鍛えましょう。

すすめ方

① 顔の10cmくらい前に両手の人差し指を立てる。目の幅より少し広めの間隔にする。
② 顔は動かさずに,目だけを動かして,左右の指を交互に見る。
③ 20秒間で,何回できるか挑戦する。左(1回)→右(2回)→左(3回)……というように数える。
④ 自分の記録を日付と一緒にノートに記入しておく。
⑤ 今までの記録と比べて,伸びたかどうかに着目させて,記録を発表させる。

(入江)

11 スピード音読

> とにかく,ひたすら速く音読させます。音読に必要な「目の力」を鍛え,すらすら音読できるようにします。

すすめ方

① 国語の授業の最初,教師はキッチンタイマーで1分間をセットする。そして,「今からスピード音読をします。1分間でたくさん読んだ人が勝ちです。よーい,スタート」と言う。

② 子どもたちは,今学習している教科書の文章をとにかく速く読む。

③ 1分後,子どもたちは,どこまで読めたか線を引き,日付を書いて記録しておく。

④ 教師はどこまで読めたかを聞く。一番たくさん読んでいた子がチャンピオン。みんなで賞品の拍手を贈る。

⑤ 国語の授業の最初にくり返し行う。子どもたちは自分の音読の力が伸びていることを目に見えて実感できる。

(入江)

12 音読の前に 指揮棒を使って発声練習

教師が指揮者になりきって,楽しく発声練習をしましょう。音読の前に行うと,子どもたちの声が大きくなります。

すすめ方

① 教師は指揮棒を持って子どもたちの前に立つ。スーツに蝶ネクタイなど,指揮者になりきると,子どもたちは喜ぶ。
② 教師が指揮棒を上げたら,子どもたちは「あ〜〜〜」と声を出す。
③ 次に「指揮棒の高さに合わせて,声の高さも変えてね」と言う。教師が指揮棒をどんどん上げると,子どもたちは高い声を出し,笑顔になる。
④ 逆に,床すれすれの所まで下げると,子どもたちは低い声を出す。これも,笑顔。
⑤ 最後に教師が左手をギュッと握る。すると,子どもたちは声を出すのを止める。

(坂野)

13 怖い話でストーリーテリング

教師から聞いた怖い話を班のみんなにスピーチします。簡単にストーリーテリングをさせる方法です。

すすめ方

① 班から1人ずつ代表を選び,教卓の周りに集める。
② 教師は「ここに集まった人だけの秘密だよ」と言って,怖い話を1つだけ聞かせる。
③ 他の子どもたちに教師は「聞きたい？」と聞く。子どもたちは「聞きたい」と言う。
④ 代表の子はそれぞれの班にもどる。そして,教師から聞いた怖い話を班のメンバーにスピーチして教える。(中村)

14 インタビュー読み取り

物語の登場人物になりきった友達にインタビューします。楽しく物語の読み取りをさせましょう。

すすめ方

① 教師は「『一つの花』のゆみ子」など，登場人物を1人指定する。
② 子どもたちは，班（4人）の中で1人，その登場人物になりきる子を決める。
③ 班で相談して，登場人物への質問とそれに答えるインタビューの台本をつくる。インタビューの練習もする。
④ 1班から順番に，クラスみんなの前でインタビューを発表する。
⑤ 登場人物の気持ちがよく分かるインタビューをした班に投票して1位を決める。

（入江）

15 「始」と「初」の違いは英語で覚える

> 「始」と「初」は，読み方が同じなのでよく間違えてしまいます。しかし，漢字の意味の違いを英語で覚えれば，間違いがなくなります。

すすめ方

① 教師は黒板に「始」と「初」と書く。
② 続けて，「この2つは，読み方が同じで，間違えやすい漢字です。でも，英語のイメージで覚えると間違えません」と言う。
③ さらに，「始」の下に「スタート」。「初」の下に「ファースト」と書く。
④ 「何かを『スタート』するのが『始』，最初に，あるいは一番に何かをするのが『ファースト』」と説明する。
⑤ さらに「授業を『始』めるので始業式。その年に『初』めて書くので書初め」などの例を紹介すると，子どもたちはイメージしやすい。

(鈴木)

16 「子」という漢字に込められた意味

　1年生で教える漢字の「子」。実は，この漢字には深い意味があります。漢字に興味を持たせるのにピッタリのネタです。

すすめ方

① 黒板に「子＝一＋了」と書く。
② 最初に，教師は「『一』は数字の「1」だけでなく，ものごとの『始まり』も表しています」と言う。
③ 次に「『了』は『完了』で使うように，ものごとの『終わり』を表しています」と言う。
④ 最後に「子」という漢字には，「始まり」から「終わり」まで，つまり「命の生と死」「一生」という意味があることを説明する。子どもたちは「なるほど！」という表情で聞く。
⑤ さらに，女の子の「○子」という名前には，この意味が込められていることが多いと伝えるといい（たとえば，「桜子」には「桜のように一生きれいな人でいてほしい」という願い）。子どもたちは興味を持って聞く。　　（鈴木）

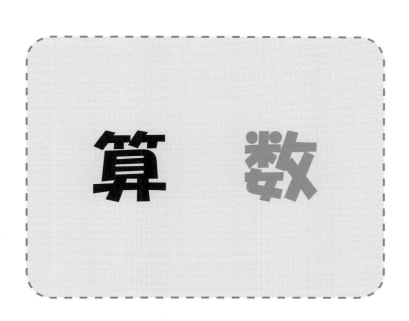

三角定規にあだ名をつけよう

　２種類の三角定規には、実はそれぞれの名前がありません。２種類の三角定規に別々のあだ名をつけ、呼び方を区別します。どちらの三角定規なのか、子どもに指示しやすくなります。

すすめ方

① 教師は直角二等辺三角形の三角定規を子どもたちに見せる。そして、子どもたちに何に見えるか聞く。

② 子どもたちは「おにぎり」「富士山」などと言う。相談して、「おにぎり三角定規」などクラス独自のあだ名で呼ぶことを約束する。

③ もう１つの三角定規（正三角形の半分）も同じようにしてあだ名をつける。「すべり台三角定規」「クラッカー三角定規」など、あだ名を１つに決める。

④ どちらかの三角定規を使う時には、あだ名で呼ぶ。子どもたちはどちらの三角定規を使うのかよく分かる。

⑤ 応用編として、「おにぎり三角定規をすべり台ですべらせると平行な線が書けるよ」などの説明もできる。（中嶋）

2 11 × 11, 111 × 111で筆算の練習

11 × 11 = 121, 111 × 111 = 12321, 1111 × 1111 = 1234321, ……こうなる理由は, 筆算をするとよく分かります。1 × 1ばかりなので, 計算も楽。楽しく筆算の練習ができます。

すすめ方

① 教師は黒板に「1 × 1 = 1」「11 × 11」と黒板に書く。子どもたちは「11 × 11」を筆算で解く。1人を指名し, 黒板に書かせる。

② 続けて「111×111」「1111×1111」「11111×11111」……も筆算させる。1人ずつ指名し, 黒板に書かせる。

```
    1 1              1 1 1
  × 1 1            × 1 1 1
  ─────            ───────
    1 1              1 1 1
  1 1                1 1 1
  ─────            1 1 1
  1 2 1            ───────
                   1 2 3 2 1
```

③ どんどん桁数を増やしていく。「11111 × 11111 = 123454321」などの答えになることに子どもたちは驚く。

④ 「1111111111 × 1111111111」になると, 繰り上がりがでるので, 形が崩れる。でも, 筆算の仕組みがよく分かる。

(赤塚)

3 分母と分子の間の線は？

分母と分子の間の線は，母と子の「絆」です。子どもたちに意味を伝え，ものさしで丁寧に書くように教えます。

すすめ方

① 黒板に分数を書く。下の数字が分母，上の数字が分子であることを確認する。

② 真ん中の線はラテン語で「ヴィンキュラム」と呼ぶことを教える。子どもたちは名前があることに驚く。

③ 子どもたちに「ヴィンキュラム」の意味を予想させる。「(1) 境界線，(2) 別れ，(3) 絆」と選択肢を設けると良い。

④ 教師は「正解は，……(3) 絆でした」と発表する。そして，「分母と分子，つまり母と子をつなぐ『絆』なんだよ」と説明する。

⑤ 「分数を書く時には，母と子の『絆』を大事にして，ものさしで丁寧に書こうね」と言う。ものさしを使わずに書く子がいたら，「母と子の『絆』を大事にしなさい」と注意する。

(奥井)

4 大富豪になってお買い物

　大きな数を習っても，あまり日常生活では使いません。大富豪になった気分で楽しくショッピングしながら，大きな数の計算を練習しましょう。

.... すすめ方 ....

① 教師は新聞広告などから，家，マンション，家具，車など大きな金額の商品の広告を集める。コピーして，ペアごとに配る。

② ペアの予算は，サイコロの出目で決める。サイコロの出目×1000万円＋3000万円。予算はノートに書いておく。

③ ペアで相談しながら，好きな物を買っていく。

④ 家，車，家具など，購入した物と金額をノートに書く。計算して，合計金額も書く。

⑤ 隣のペアとノートを交換する。購入金額を計算し，予算の残りが100万円以内なら，見事に合格。100万円以上残すと，アウト。予算を超えても，アウト。　　　　（梶川）

⑤ 先生の間違ったプロフィール
―小数点の位置はどこ？―

数字のどこに小数点を入れたらいいか考える問題です。先生のプロフィールを使えば，子どもたちは興味を持って取り組みます。

すすめ方

① 先生のプロフィールを黒板に書く。「身長161m」「足の大きさ235cm」「視力15」「中指の長さ77cm」など。巨大な数字に教室が沸く。

② 教師は「何か忘れちゃったかな？」と聞く。子どもたちは「小数点」と答える。
③ 子どもたちは，小数点を正しく入れて，ノートに先生のプロフィールを書く。
④ 答え合わせをして，先生の正しいプロフィールを完成させる。
⑤ 教室の広さや机の長さを使って問題をつくり，出題し合っても楽しい。

(中嶋)

6 点点アール君と百目のヘクタールさん

絵を描いて「a（アール）」と「ha（ヘクタール）」を楽しく覚えます。

すすめ方

① 教師は「面積のことなら，この人にお任せ。『点々アール君』の登場です」と言って，黒板に下のような絵を描く。

② 「・」は「ten」で「10」，「10m × 10m」で「1 a（アール）」になるということを説明する。子どもたちは，ノートに「点点アール君」の絵を描く。

③ さらに教師は「点点アール君の兄弟に『百目のヘクタールさん』がいます」と言って，黒板に右のような絵を描く。

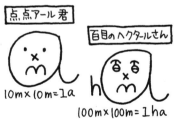

④ 女の子なので，マスカラやアイシャドーをしていること，「百m×百m」で「1 ha（ヘクタール）」になることを説明する。子どもたちは，ノートに「百目のヘクタールさん」の絵を描く。　　　　　　（吉田）

7 円周率暗記コンテスト

> とってもシンプルな「円周率を何桁まで覚えられるか？」というゲームです。ゲームは，シンプルが一番面白い！ 子どもたちは夢中で取り組みます。

すすめ方

① 円周率（3.141592653589793……）の学習をした時，教師は「円周率を何桁覚えられるか？ 勝負します」と言う。2分間，子どもたちは円周率をひたすら覚える。

② 隣の人とジャンケンして勝った人が立つ。そして，円周率を覚えているだけ言う。座っている人は何桁まで正確に言えているかチェックする。

③ ジャンケンで負けた人も挑戦。②と同じようにする。

④ 何桁まで言えたかを聞く。一番多くの桁を言えた子がチャンピオン。チャンピオンには，みんなの前で言ってもらう。

⑤ 何も言わなくても，子どもたちは休み時間や家で覚えてくる。「先生，新記録の○桁まで覚えたよ」という子には，みんなの前で披露してもらう。

(吉田)

8 牛乳一気飲み戦法

> 「量の単位」は難しいものです。しかし，みんなで暗唱したり，絵を描いたりしたら，楽に楽しく覚えられます。

すすめ方

① 教師は右のような絵を提示する。そして，量の単位「k, h, da, (m), d, c, m」を「1キロ，ヘトヘト，出かけて，目取る，弟子から逃げて，センチミリミリ」と教える。

② 子どもたちは絵を見ながら，何度も暗唱する。

③ 次に教師は右のような絵を提示する。「水1Lが何kgで何cm³なのか」を「牛乳一気飲み戦法」と教える。「牛乳」は「1L」（1Lパックが多いから），「一気」は「1kg」,「戦法」は「1000cm³」である。

④ 子どもたちは絵を見ながら，何度も暗唱する。絵も自分たちで描かせると早く覚える。

（吉田）

❾ ナスカの地上絵

「拡大と縮小」の学習で、運動場に大きな地上絵を描かせましょう。子どもたちの一生の思い出になること、間違いなしです。

すすめ方

① ナスカの地上絵を何枚か写真で見せる。
② クラスを4つのグループに分ける。グループでどの図形を描くか決める。そして、その図形を模造紙に描く。
③ 図形の端に基準となる点をつける。基準となる点から図形の頂点の長さを測って、模造紙に記入する。
④ 子どもたちは運動場に出る。そして、ライン引きで白線を引いていく。基準となる点を中心にして、5倍から10倍の長さに図形を拡大して描いていくと良い。
⑤ 描き終わったら、記念撮影。教師が屋上などから撮影する。（吉田）

10 3桁のゾロ目は必ず3で割り切れる

111，222，333など，3桁のゾロ目は，必ず3で割り切れます。わり算の筆算の練習や倍数・約数の学習に使えるネタです。

算数

すすめ方

① 教師は「3桁のゾロ目は，全て3で割り切れる。○か？×か？」と問題を出す。子どもたちは，○×ポーズで答える。×と予想する子が多い。

② 子どもたちは，好きな3桁のゾロ目を1つノートに書く。そして，その数を3で割る。筆算で計算させる。

③ 111～999まで1人ずつ指名し，黒板に筆算を書かせる。どのゾロ目も3で割り切れることに子どもたちは驚く。

④ 高学年なら，「どうして全ての3桁のゾロ目が割り切れるのでしょう？」と聞いてもよい。

⑤ 実は111が3の倍数（3×37＝111）なので，111の倍数である222～999も3で割り切れる。
（3×37×1～9＝3桁のゾロ目）

（杉浦）

11 数の数え方の秘密

1から10までと,10から1まででは違った数え方をする不思議な数字があります。子どもたちに数字に興味を持たせることができるネタです。

すすめ方

① みんなで1から10まで数える。「いち,に,さん,し,ご,ろく,しち,はち,きゅう,じゅう。」

② 次に,10から1まで数える。「じゅう,きゅう,はち,なな,ろく,ご,よん,さん,に,いち。」

③ 教師は「違いが分かりますか?」と聞く。子どもたちは,「『し』と『よん』(4)」「『しち』と『なな』(7)」と答える。

④ 「どちらが正しい読み方でしょう?」と問いかける。

⑤ 正解は,「四月(しがつ)」「七月(しちがつ)」と言うように「し」「しち」。「よん」「なな」は本来正しい読み方ではない。聞き間違いを少なくするために使っている。たとえば,「47」は「しじゅうしち」でなく「よんじゅうなな」と言う。

(梶川)

くるくる回る不思議な数字

> 142857 は，とっても不思議な数字です。142857 に 1 から順番にかけていくと，数字がくるくる回ります。

すすめ方

① 1 人に 1 つずつ電卓を配り，142857 を入力させる。そして 1 をかける。「142857 × 1 = 142857」と黒板に書く。

② 続けて，2～6 までを計算させる。黒板に答えを書く。
  142857 × 2 = 285714
  142857 × 3 = 428571
  142857 × 4 = 571428
  142857 × 5 = 714285
  142857 × 6 = 857142

答えが全て 142857 の数字を入れ替えたものになっていることに子どもたちは驚く。

③ 教師は「7 をかけるとどうなるでしょう？」と聞く。子どもたちは，142857 を入れ替えた数を予想する。

④ 実際に 142857 × 7 を計算させる。すると，答えが 999999 になる。子どもたちはさらに驚く。　　　　　（杉浦）

13 十二支で時刻を

「正午」「午前」「午後」，これらの「午」という字は，十二支の「午」に由来しています。十二支と時刻が関係していることに子どもたちは驚きます。

すすめ方

① 教師は「『正午』の『午』は何を意味しているでしょうか？」と話を切り出す。
② 昔は24時間を2時間ずつ十二支で表していたことを説明する。「子の刻」「丑の刻」など。
③ さらに2時間を30分ずつ4つに分けて，「丑の刻1つ」～「丑の刻4つ」などと言っていたことを説明する。
④ 「正午」は，「午の刻」の真ん中。つまり，お昼の12時のことである。それより前を「午前」，後を「午後」としている。説明すると，子どもたちは興味を持って聞く。
⑤ 怪談の「丑三つ時」は2時から2時半のこと。また，午後3時の「おやつ」は「お八つ時」に由来している。こんな話をすると，子どもたちはさらに興味を持つ。

(梶川)

14 カレンダーの日付の和を当てる

> カレンダーから選んだ9つの数字の和を当てます。子どもたちは「先生はエスパー？」とものすごく驚きます。

すすめ方

① カレンダーを黒板に貼る。

② 教師はカレンダーが見えないように後ろを向く。そして，子どもたちに「好

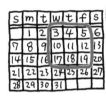

きな月を選びます。その月の好きな所の縦3つ，横3つ，合計9つの数字をペンで囲ってください」と言う。

③ 教師は後ろを向いたまま「囲んだ数字の和を当てます。その数字の中で一番小さいものを教えてください」と言う。

④ 子どもたちに言われた数字を次のように計算する。

（一番小さい数字＋8）×9

そして，計算した答えを言う。

⑤ 子どもたちに電卓で9つの数字の和を計算させる。すると，教師が言った数字とピッタリになる。子どもたちはものすごく驚く。

(赤塚)

15 二進数を使えば片手で31まで数えられる

0〜9までの数を使って数えるのが十進数。0と1だけで数を数えるのが二進数です。二進数を使えば，片手だけで31までの数を表現することができます。

すすめ方

① 子どもたちに「片手でいくつまで数えられますか？」と聞く。子どもたちは「5まで」と答える。
② 教師は「二進数を使えば，31まで数えられるんだよ」と言う。子どもたちは驚く。
③ 次のように教えると，子どもたちは興味を持ち，片手で31までの数を表現する。
- 指を曲げた状態が「0」。指を立てると「1」。右手のひらを自分に向け，左から小指，薬指，中指，人差し指，親指とする。
- グーの状態が「00000」。十進数で「0」。
- 親指を立てると「00001」。十進数で「1」。
- 親指を曲げ，人差し指を立てると「00010」。十進数で「2」。人差し指と親指を立てると「00011」。十進数で「3」。

・イラストのように1の部分の指を立て，0の部分の指を曲げることで二進数を表現できる。

④ 両手を使うと，なんと1023まで表現できる。子どもたちは，ものすごく驚く。

(梶川)

算数

0	1	2	3
00000	00001	00010	00011
4	5	6	7
00100	00101	00110	00111
8	9	10	11
01000	01001	01010	01011
12	13	14	15
01100	01101	01110	01111
16	17	...	31
10000	10001	18〜30は自分で考えてみましょう。	11111

16 何人正解するか？ 予測ゲーム

> クラスの何人が問題に正しく答えているか？ 予測するゲームです。答え合わせの前のちょっとしたお楽しみになります。

すすめ方

① たとえば，算数の文章問題を１人ひとりが解いた後，全員起立させる。

② 教師は「今解いた問題をクラスの何人が正解していると思うか？ 予想を隣の人に言ったら座ります」と言う。

③ 子どもたちは何人正解していると思うか？ 予想を言って座る。

④ 文章問題の答え合わせをする。そして，何人正解したか確認する。

⑤ 正解していた人数をズバリ当てた子が優勝。立たせて，みんなで賞品の拍手を贈る。　　　　　（中村）

1 顕微鏡マスター

「新聞紙」「髪」「七味唐辛子」は，顕微鏡で見せると子どもたちが驚く物3つです。この3つを見せて，顕微鏡の使い方を楽しく学びましょう。

すすめ方

① 顕微鏡の使い方を教科書で確認する。
② まずは，新聞紙を見せる。色がついた部分が細かい点々でできていることに子どもたちは驚く。
③ 次は，自分の髪の毛を見せる。細いと思っていた髪の毛が意外に太く，丸く立体的に見えることに驚く。
④ 最後に，「食物界の宝石です！」と言って，七味唐辛子を見せる。色とりどりの七味の美しさに感動すること間違いなし。

(成田)

② メタルスライム

> 磁石に反応して動くスライムです。磁石の発展学習として作ってみましょう。

・・・・・・・・・・・・・ すすめ方 ・・・・・・・・・・・・・

① ホウ砂の飽和水溶液：お湯：洗濯のり（PVA系）＝1：5：5の割合でスライムの材料を用意する。市販の洗濯のり2本（約1500ml）で30人分つくれる。

② まずは，お湯と洗濯のりを混ぜる。そして，それに砂鉄を適量（スライムの重さの半分）混ぜ合わせる。

③ 最後に，ホウ砂の飽和水溶液を混ぜる。固まってくるまで割り箸でかき回す。これでメタルスライムが完成。

④ メタルスライムに磁石を近づけ，変化を見る。磁石をいろいろな方向に動かすと，スライムも動く。

⑤ 「誰が一番スライムを伸ばすことができたか勝負」「とげとげスライムを作る」「磁石を飲み込ませる」など，いろいろな工夫で楽しめる。（吉田）

3 お札は磁石にくっつくか？

> お札には偽造されないように様々な工夫がされています。インクに鉄が含まれていることも工夫の1つ。そのため，お札は磁石にくっつきます。

すすめ方

① 教師は「お札は磁石にくっつく。○か？ ×か？」と問題を出す。
② 子どもたちは，○×ポーズで答える。お札がただの紙だと思っているので，×を出す子が多い。
③ お札を半分に折る。イラストのように，鉛筆などとがったものの先にお札を置く。
④ 強力な磁力をもつネオジウム磁石をお札に近づけると，お札が引き寄せられる。○ポーズを出した子が，正解。

⑤ 教師は，お札のインクには偽装防止のために鉄由来の顔料が使われていることを教える。　　　　　（赤塚）

郵便はがき

料金受取人払郵便

名古屋中局
承認
2068

差出有効期間
平成28年12月
31日まで

４６０-８７９０

４１３

名古屋市中区
　丸の内三丁目6番27号
　　（EBSビル八階）

黎明書房 行

購入申込書	●ご注文の書籍はお近くの書店よりお届けいたします。ご希望書店名をご記入の上ご投函ください。（直接小社へご注文の場合は代金引換にてお届けします。1500円未満のご注文の場合は送料530円，1500円以上2700円未満の場合は送料230円がかかります。）〔税8％込〕

（書名）　　　　　　　　　　（定価）　　　円　（部数）　　　部

（書名）　　　　　　　　　　（定価）　　　円　（部数）　　　部

ご氏名　　　　　　　　　　　TEL.

ご住所 〒

ご指定書店名 (必ずご記入下さい。)	取次・番線印	この欄は書店又は小社で記入します。
書店住所		

愛読者カード

今後の出版企画の参考にいたしたく存じます。ご記入のうえご投函くださいますようお願いいたします。新刊案内などをお送りいたします。

書名	

1.本書についてのご感想および出版をご希望される著者とテーマ

※上記のご意見を小社の宣伝物に掲載してもよろしいですか?
　　　　□ はい　　□ 匿名ならよい　　□ いいえ

2.小社のホームページをご覧になったことはありますか?　□ はい　　□ いい

※ご記入いただいた個人情報は、ご注文いただいた書籍の配送、お支払い確認等連絡および当社の刊行物のご案内をお送りするために利用し、その目的以外で利用はいたしません。

ふりがな
ご氏名　　　　　　　　　　　　　　　　　　　　　　年齢　　歳
ご職業　　　　　　　　　　　　　　　　　　　　　　（男・女）

（〒　　　　）
ご住所
電話

ご購入の書店名		ご購読の新聞・雑誌	新聞（　　　　） 雑誌（　　　　）

本書ご購入の動機（番号を○でかこんでください。）
　1.新聞広告を見て（新聞名　　　　　　　）　2.雑誌広告を見て（雑誌名　　　　　）　3.書評を読んで　　4.人からすすめられて
　5.書店で内容を見て　　6.小社からの案内　　7.その他

　　　　　　　　　　　　　　　　　　　　　ご協力ありがとうございました。

4 モーターから音がする

　スピーカーもモーターも，コイルと磁石でできています。モーターからも音が出ることに，子どもたちは驚きます。

理科

·················· すすめ方 ··················

① スピーカーは磁石とコイルでできていることを教える。手づくりスピーカーで実際に音を出してみせるとよい。
② イヤホンを図のように切り，切断部をモーターに接続する。

③ モーターもスピーカーと同じように磁石とコイルでできていることを教える。スピーカーと同じつくりのモーターから音が出るかどうか？　予想させる。
④ イヤホンの差し込みジャックを音源に接続する。すると，モーターから音が出て，子どもたちは驚く。
⑤ 黒板にモーターをつけると，音が大きくなる。子どもたちは，さらに驚く。
　　　　　　　　　　　　　　　　　　　　　　　（赤塚）

5 鏡で光リレー

太陽の光を鏡で反射させ，リレーでつないでいきます。一番早くゴールまで光を届けたチームが優勝です。

すすめ方

① 6人のチームをつくる。6人全員が1人1枚ずつ鏡を持つ。
② 教室に段ボール箱に入れた太陽光発電のパネルにつないだ電子ブザー（あるいはLEDライトなど）を準備する。
③ 50～80m離れた場所から，チームの一番最初の子どもが太陽光を取る。
④ チームで鏡を使って，太陽光を反射させながらつないで行く。
⑤ 目標の太陽光発電のパネルに光を当て，一番最初に電子ブザーの音を鳴らしたチームが優勝。　　　　　　（梶川）

6 この水はどこから？

> 紙コップについた水滴。果たして，その正体は？ 子どもたちはいろいろな予想をします。

すすめ方

① 紙コップに氷と水を入れる。しばらくすると，表面に水滴がつく。
② 教師は「コップの表面の水はどこから来たのでしょう？」と聞く。子どもたちは，紙コップの中から染み出てきたと予想する。
③ 色のついた水を入れたり，紙コップの内側に線を引いて量の変化を調べたりする。子どもたちは，中の水が染み出てきた訳ではないことに気づく。
④ 水滴の正体をクラスみんなで話し合う。
⑤ 窓の結露などを思い出させて，水滴の正体は，空気中の水蒸気が冷えて目に見えるようになったものであることを押さえる。

(影近)

7 成長ピクチャー

動物や植物の成長過程の写真をバラバラに提示し，正しい順番に並べさせます。クイズ感覚で楽しめます。

すすめ方

① 学級で育てている植物が「種」から「花」になる成長の過程を写真で撮り，印刷する。インターネットなどの画像を印刷しても良い。
② 順番をバラバラにして，写真を黒板に貼る。
③ １人の子を指名する。その子は前に出て，正しい順番に写真を並べる。

④ 正解していたら，みんなで拍手を贈る。間違えていたら，次の１人を指名し，チャレンジさせる。
⑤ 「ちょう」や「めだか」の成長過程など，いろいろな植物や動物で使える。

(坂野)

⑧ ホウセンカネイル

> ホウセンカの花をすりつぶして爪に塗ってみましょう。
> ネイルのような色が付きます。

・・・・・・・・・・・・ すすめ方 ・・・・・・・・・・・・

① ホウセンカの花を観察に行く前，教師は「ホウセンカは別名『爪紅（つまくれない）』と言います。平安時代から爪を染める花として親しまれてきました」と説明する。
② 教師は「やってみたい？」と聞く。子どもたちは間違いなく「やってみたい！」と言う。
③ 観察の時に，ホウセンカの花を摘んでくる。
④ 花びらをすり鉢でする。すりつぶしたホウセンカを爪に少しだけ乗せ，全体に広げる。この時，マスキングテープなどを爪の周りに貼っておくと，指に色が付かずにキレイにできる。
⑤ 指ごとラップに包んで，しばらくそのままにしておく。これでネイルが完成。子どもたちは大喜びする。　（吉田）

⑨ 色つきカーネーション

白のカーネーションとインクを使って，色つきカーネーションをつくりましょう。**植物の体のつくりに興味を持たせることができます。**

すすめ方

① 白のカーネーション，インク（食紅やペンのインクなど），ビーカーを用意する。
② ビーカーに水とインク（水の色がはっきりと変わるくらいの量）を入れる。
③ 子どもたちが帰る前に，カーネーションをビーカーにつける。そのまま一晩おく。
④ 朝には，白のカーネーションがインクの色に染まっている。それを見た子どもたちは驚く。
⑤ 多色のカーネーションをつくりたい場合は，インクを数種類用意する。カーネーションの茎を色の数に裂き，それぞれ別の色のインクのビーカーにつけておく。（入江）

10 植物の成長パワー

野菜の切れっ端を使って，花を咲かせることができます。子どもたちは野菜のエネルギーを感じ，普段食べている植物が生きていることを実感します。

すすめ方

① 根菜（ダイコン，ニンジン，カブなど）の葉を切り，葉の根元から3cmほど根を残して切る。

② 子どもたちに見せながら，「この根から花が咲く。○か？×か？」とクイズを出す。×と答える子が多い。

③ 皿やプラスチックパックなどに水を入れる。そして，その中に根を入れる。

④ 1週間ほどで新しい葉が出てくる。子どもたちは「花が咲くかも」と期待する。

⑤ 水切れに注意して育てる。すると，1ヵ月程度で花が咲く。ダイコンやニンジンの花は小さくて可憐なので，子どもたちは大喜びする。

(梶川)

11 実験用てこドキドキゲーム

　左に傾いている実験用てこを右に傾かせたら負けというゲームです。おもりの重さと支点からの距離の関係に目を向けさせることができます。てこの導入に持ってこい！「黒ひげ危機一髪」のような楽しさです。

すすめ方

① ４人班をつくる。教師は，各班に実験用てこと，10gのおもりを10個，20gのおもりを10個，合計20個を配る。

② 各班20個のおもりのうち，班のメンバー１人ひとりに10g，20gのおもりを１個ずつ渡す。子どもたちは，そのおもりを実験用てこの左側の好きな場所につるす。

③ 班４人でジャンケンして，順番を決める。

④ １番の子から，実験用てこの右側に残りのおもりを１個ずつつるしていく。

⑤ 順番に１個ずつつるしていって，右側に傾けた人が負け。

（奥井）

12 台風はどっち回り？

　台風やハリケーンは，必ず左回りです。地球の自転が台風に影響を与えていることを知り，子どもたちは自然のスケールの大きさを実感します。

すすめ方

① 教師は天気図を子どもたちに見せる。台風の風の向きを確認し，「台風は必ず左回りに風が吹きます」と説明する。
② 次にアメリカなど日付変更線の東側で発生するハリケーンの風の向きを確認する。やはり左回りである。
③ 「南半球で発生するサイクロンも左回りである。○か？×か？」と問題を出す。子どもたちは，○×ポーズで答える。
④ 正解は，×。右回り。子どもたちに理由を考えさせるが，まず正解は出ない。教師は，地球の自転が関係していることを伝える。
⑤ 地球の自転は天頂から見て，北半球は左回り，南半球は右回りである。台風が地球の自転の影響を受けていることに子どもたちは驚く。

(梶川)

13 月と太陽と地球の大きさくらべ

　地球から同じ大きさに見える月と太陽。実は，ものすごく大きさが違います。別の物で置き換えると，大きさの違いを実感することができます。

すすめ方

① 教師はビーズ（穴につまようじを刺すと持ちやすい）とビー玉を取り出す。

② 「どっちが地球で，どっちが月でしょう？」とクイズを出す。正解は直径1cmのビー玉が地球。直径2.5mmのビーズが月。

③ さらに「地球をビー玉，月をビーズとすると，太陽はどれでしょう？」と問題を出す。ビーズ，ビー玉，ピンポン球，ソフトボール，ドッジボールなど選択肢を設ける。

④ 正解は，約1m。選択肢の中に1mのバルーン（大玉など）を入れておく。

⑤ 月と太陽の大きさの違いは約400倍。しかし，地球からの距離が400倍違うので同じ大きさに見える。子どもたちは教師の説明を興味を持って聞く。　　　　　（梶川）

14 内臓カルタ

　カルタを楽しみながら，内臓の形や名前を覚えられます。

・・・・・・・・・・・・・・ すすめ方 ・・・・・・・・・・・・・・

① 教師は，内臓のいろいろな部分の絵か写真のカードをグループの数だけ用意する。
② 子どもたちはグループに分かれ，内臓カードを机の上に広げる。
③ 教師が「胃」「肝臓」など，臓器の名前を言う。子どもたちは言われた臓器のカードを手で押さえる。一番最初に押さえた子がカードをゲット。
④ グループで一番多くカードをゲットした子が優勝。
⑤ 歴史上の人物や漢字，各教科の重要語句など，様々な教科，場面で使えるネタである。　　（吉田）

⑮ 落ちない10円玉

折ったお札に10円玉を乗せます。じわじわ広げていくと、全部広げても10円玉は落ちません。子どもたちが驚くこと間違いなしのネタです。

すすめ方

① お札くらいの大きさに切った画用紙を2つに折る。厚めの方が成功しやすい。
② 画用紙を90度ぐらいに広げて机の上に置く。そして、イラストのように10円玉を置く。
③ 画用紙をじわじわ広げていく。すると、全部広げて真っ直ぐにしても、10円玉は紙の上に乗ったまま。子どもたちは、ものすごく驚く。
④ 子どもたちは不思議がって、理由を一生懸命考える。実は、じわじわ広げていくことで、重心の移動が起こる。そして、勝手にバランスがとられる。
⑤ 練習すると、本物のお札でもできるようになる。子どもたちは、夢中になって挑戦する。　　　　　　　　　　（杉浦）

① 地図記号神経衰弱

神経衰弱を楽しみながら,地図記号を覚えるネタです。子どもたちは大喜びで取り組みます。

すすめ方

① 1人に6枚,白紙のカードを配る。3つの地図記号を選び,6枚に記号とその意味を分けて書く。

② 4人班に分かれる。24枚(6枚×4人)のカードを机の上に伏せて置く。

③ トランプの神経衰弱と同じ要領でゲームをする。カードをめくっていき,記号と名前が合えばカードをゲット。

④ たくさんのカードをゲットした人が勝ち。

⑤ 歴史上の人物(名字と名前),都道府県名と県庁所在地など,いろいろなパターンで楽しめる。偏と旁,九九と答えなど,社会科以外でも使える。　　　　　(奥井)

2 「救急」の文字が左右反転しているのはなぜ？

　救急車の前面にある「救急」の文字は，左右反転しています。救急車にはいろいろな工夫がしてあることに子どもたちは興味を持ちます。

すすめ方

① 教師は，救急車の写真を提示する。そして，「写真の中に間違いがあります」と言う。

② 子どもたちは「救急」の文字が左右反転していることに気づく。

③ 本物の救急車の写真かどうか？　子どもたちは，○×ポーズで答える。正解は，○。本物であることに驚く。

④ なぜ，こんなことをしているのか考えさせる。前を走る車から救急車をミラー越しに見ると「救急」と正しく見えるためであることを教える。

⑤ 救急車には，けが人や病人を早く病院へ運ぶため，また事故現場に急いで行くために，様々な工夫がされている。その工夫を調べさせる。子どもたちは，パトカーや消防車とサイレンが変えてあることなどに気づく。　　　　（鈴木）

③ 都道府県名何個言えるかチャレンジ！

　都道府県名を声に出して覚えていくゲームです。授業の最初にくり返し行えば，自己記録更新をめざして子どもたちが熱中します。

すすめ方

① 都道府県に1〜47まで番号がついた地図プリントを1人1枚配る（北から順番になっているとよい。裏面には1〜47までの都道府県名を印刷しておく）。
② 表の地図を見ながら順番に都道府県名を唱えていく。まずは1人で1分間練習をする。
③ 隣同士ペアになり，交代で1分間チャレンジをする。ペアの子は裏面を見ながら答えを確認し，間違っていたら「ストップ」と言う。言われたら，正しい答えを言うまで次に進めない。
④ 1分の間に47個言えた子は始めに戻り，2周目に入る。
⑤ 1分間で何個言えたか，日付と個数を記録する。（杉浦）

都道府県ラリー

定番ゲーム「古今東西」のエア卓球バージョンです。

.... すすめ方 ....

① 子どもたちは，2人組になりジャンケンをする。教師が「お題」を「都道府県名」と指定して，ゲームスタート。
② ジャンケンに勝った子が「愛知県」と卓球のサーブをする真似をしながら言う。
③ 負けた子は「山口県」と言いながら，玉を打ち返す真似をする。
④ お互いに都道府県名を言い合いながら，ラリーをする真似をする。言えなくなったら負け。同じのを言っても負け。
⑤ お題は「歴史上の人物」など，なんでもOK。テニスのラリー，キャッチボール，サッカーのパスなど動きもアレンジできる。

（坂野）

⑤ 面積が広い順に並べよ

　自分が住んでいる地方の都道府県を面積が広い順番に並べるクイズです。子どもたちは面積に対する感覚が意外にありません。全部正解するのは，なかなか困難です。

すすめ方

① 　教師は「中国地方の5県を面積が広い順番に並べなさい」と言う（自分たちが住んでいる地方を出題するのがオススメ）。

② 　まずは，子どもたちは1人で考え，面積が広いと思う順番に県名を書く。

③ 　次に，立ち歩いて友達と答えを見せ合う。この時，意見を変えても良い。

④ 　教師は「1位は広島，2位岡山，3位島根，4位山口，5位鳥取」と正解を発表する。

⑤ 　全部合っていた子が優勝。立たせて，みんなで賞品の拍手を贈る。

(中村)

世界一の豪雪地帯はどこ？

　日本は，世界有数の豪雪地帯です。日本に世界一の積雪量を記録する場所があることを知り，子どもたちは日本の気候の特徴を捉えることができます。

······· すすめ方 ·······

① 教師は「これまで世界一，雪が積もった国はどこでしょう？　(1) フィンランド，(2) ロシア，(3) 日本」と問題を出す。子どもたちは，指で番号を出して答える。

② 「答えは……(3) の日本です。滋賀県伊吹山で 11m82cm の積雪を記録しています。積雪量のギネス記録です」と正解発表する。子どもたちから，驚きの声が上がる。

③ 続けて「山では伊吹山ですが，平地で1日に世界一，雪が積もった国はどこでしょう？　(1) フィンランド，(2) ロシア，(3) 日本」と問題を出す。

④ 正解は，(3) の日本。新潟県の 211cm である。

⑤ 日本海からの湿った空気が冷えた空気と一緒に日本の山地にぶつかり，世界有数の豪雪地帯になっていることを説明する。

（梶川）

季節風は動作化で覚えよう

体を動かしながら「季節風」について理解させましょう。子どもたちも大喜びで取り組みます。

•••••••••••••••••••• すすめ方 ••••••••••••••••••••

① 教室内を北側から「日本海」「日本海側平地」「山地」「太平洋側平地」「太平洋」の5つのグループに分ける。

② 「山地」グループをイスの上に立たせて,手を挙げて大きな山を表現させる。また「日本海」「太平洋」グループを床に座らせて,海面から水蒸気をモクモク出すようなイメージで,手を動かさせる。

③ 教師は「まずは冬。日本海側から季節風が吹きます!」と言う。教師が季節風となり,日本海側からゆっくりと子どもの間を移動する。

④ その際,日本海で水蒸気をたっぷり吸い込み(日本海の子を2人抱える),山地に当たって平地に雪を降らせて(2人を下ろす),乾いた風になるのがポイント。

⑤ 同様に,夏の季節風も動作化で行う。　　　　　(成田)

⑧ 雪の重さはどれくらい？

　暖かい地域に住む子どもたちにとって，雪は楽しいもの。しかし，寒い地域に住む人たちにとっては，そうではない場合もあります。雪の重さを知り，雪下ろしや雪かきの大変さをイメージさせることができるネタです。

すすめ方

① 教師は「雪1㎥の重さはどれくらいでしょうか？」と聞く。子どもたちは答えを予想して，ノートに書く。
② 正解発表する。「雪の重さは新雪で150kg。固まった根雪で500kgになることもあります」と言うが，子どもたちはピンと来ない。
③ さらに「では，平均的な家の屋根90㎡に根雪が1m積もるとどのくらいの重さになるでしょうか？」と聞く。500 × 90 ＝ 45,000kg。つまり45トンである。
④ 「1m積もったら，アフリカ象が10頭，屋根に乗っているようなものです。アフリカ象10頭分の重さの雪下ろしをするのは大変だよね」と言うと，子どもたちも雪の重さ，雪下ろしの大変さがイメージできる。　　　　（梶川）

⑨ 台風の上陸が一番多い都道府県は？

　台風の上陸が一番多い都道府県は，沖縄ではありません。沖縄は「上陸数が多い都道府県」のベスト 10 にも入っていないのです。なぜか？　子どもたちが食いつくネタです。

すすめ方

① 　教師は「日本で一番台風が多く上陸する都道府県はどこでしょう？」と問題を出す。

② 　子どもたちは，答えをノートに書く。「沖縄県」と書く子が多い。

③ 　気象庁のホームページをもとに，「上陸数が多い都道府県」の第 10 位から発表していく。

④ 　「……第 3 位，和歌山県。第 2 位，高知県。……第 1 位，……鹿児島県」と発表する。子どもたちは，沖縄県がないことに驚く。

⑤ 　気象庁の定義では，沖縄は「島」。北海道，本州，九州，四国のような「陸地」ではない。「島」を通っても「上陸」ではなく「通過」である。この事実を紹介すると，子どもたちは興味を持って聞く。　　　　　　　　　　（梶川）

10 サトウキビをしゃぶろう会

沖縄の学習で、サトウキビを食べましょう。子どもたちの記憶に強く残るはずです。

すすめ方

① 教師はサトウキビを用意する。ネット通販などで「そのまんまサトウキビ2mサイズ」(2000円)を購入すると良い。

② 単元の始めに、サトウキビの実物を子どもたちに見せる。そして、「これは何でしょう？」「これから何が作られるでしょう？」「どこで多く育てられているでしょう？」などと質問する。子どもたちは、興味津々。

③ 次に、子どもたちに触らせてみる。子どもたちは、堅い皮を触りながら、サトウキビが台風の影響を受けても立ち上がる強い植物であることに気づく。

④ 最後に、サトウキビを横に切り、さらに縦にいくつかに切る。みんなで中身をしゃぶれば、大盛り上がり。(吉田)

11 ペーパークラフト自動車生産バトル

制限時間内に多くの自動車(ペーパークラフト)をつくる競争です。子どもたちは流れ作業の良さを実感します。

.... すすめ方 ....

① 教師は「Yahoo! きっずペーパークラフト」などのサイトで自動車のペーパークラフトをダウンロードする。そして,たくさん印刷する(できるだけ簡単につくれる自動車を1種類だけ)。
② 5人から6人の班に分かれる。短時間でできるだけ多くの自動車をつくるためにどうするか? 班で作戦を立てる。
③ はさみ,のり,色鉛筆を使い,班で協力して自動車をつくる。制限時間は,20分。
④ たくさん自動車をつくった班が優勝。優勝班にたくさんつくれた秘密をインタビューする。
⑤ 子どもたちは,流れ作業でつくった方が明らかに多くつくれることを実感する。

(吉田)

12 歴史の授業は時代暗唱から

> 授業の最初，縄文から平成まで，時代をテンポよく暗唱します。時代の順番や流れを覚えさせ，歴史を線でつなぐことができます。

すすめ方

① 歴史の授業では，毎時間，最初のチャイムの合図と同時に暗唱をスタートさせる。

② 子どもたちは声を揃えて「縄文，弥生，古墳，飛鳥，奈良，平安，鎌倉，室町，安土桃山，江戸，明治，大正，昭和，平成」とテンポよく言う。手拍子をつけて言わせると子どもたちはノッてくる。

③ 隣の席の子とジャンケンして勝った子が立つ。立った子は手拍子に合わせて，時代を言っていく。座っている子がチェック。

④ リズムに乗って全部正しく言えたら，ハイタッチして座らせる。言えなかったら，「どんまい」と声をかけて座らせる。

⑤ ジャンケンで負けた子も立って挑戦。③④と同じようにする。

(成田)

13 「同じが勝ち」で重要語句を確認

先生と同じ答えを書いたら勝ちというゲームです。このゲームを使って，楽しく重要語句を確認します。

すすめ方

① 教師は「全員起立！ 縄文時代と言えば？ 今から先生が小黒板に書いた答えと同じなら勝ちです」と言う。子どもたちは，縄文時代から思いつく言葉を1つだけ言って座る。

② 教師は1列を指名する。その列の子は，自分が言った答えを発表していく。

③ 最初の子が「貝塚」と言ったら，クラス全員で声を揃えて，「貝塚」と言う。教師は「貝などを捨てたゴミ捨て場だよね。貝塚から当時の人々の暮らしが分かるんだったね」と短く解説を加える。そして，もう1度全員に「貝塚」と言わせる。

④ 指名された列の子が「竪穴住居」「縄文土器」など答えを発表する度に，全員で声を揃えて言う。教師が短く解説を加え，もう1度声を揃えて言う。これをくり返す。

⑤ 最後に教師が書いた答えを見せる。同じ答えを言っていた子が勝ち。立たせて賞品の拍手を贈る。 （中村）

14 ペリーが開国を迫った本当の訳

　ペリーが開国を迫った本当の理由は，鯨です。こんな教科書に載っていない意外な事実を紹介すれば，子どもたちは歴史好きになります。

・・・・・・・・・・・・・・・・・ すすめ方 ・・・・・・・・・・・・・・・・・

① 「ペリーは何をしに，日本に来たの？」と聞く。日本を開国させるために来たことを確認する。
② さらに「なぜ開国させたいの？」と聞き，教科書などで調べさせる。日本近海に来る漁船に食料と水を補給してほしいことが理由の1つであることを確認する。
③ 「アメリカの漁船は，日本の近海で何を獲っていたのかな？」と聞く。自由にどんどん発言させる。
④ 正解は，鯨。ランプの燃料になる鯨油，バイオリンの弓などに使える鯨のひげを求めて日本近海の鯨を捕獲していたことを説明する。
⑤ 鯨のひげの実物を提示すると，さらに盛り上がる。鯨のひげは，東急ハンズなどで購入できる。4000円程度。

(鈴木)

15 歴史上の人物で「夢」の野球チームをつくろう

> 歴史上の人物で野球チームをつくります。それぞれの人物像を楽しく復習できます。

.... すすめ方 ....

① 班（4〜5人）に分かれて，歴史上の人物で野球のオーダーを考える。1番バッターから9番バッターまで決めて大きな紙に書く。9番はピッチャー。

② 班で相談して，「1番を○○にしたのは」「4番を○○にしたのは」「ピッチャーを○○にしたのは」の3つの理由をスピーチ原稿に書く。

③ 1班から順番に前に出て，クラスみんなにオーダー表を見せる。そして，3つの理由をスピーチする。

④ 全ての班がスピーチし終わったら，「一番なるほど！」と思ったオーダーを考えた班に投票する。自分の班には投票しない。

⑤ 一番多くの票を集めた班が優勝。　　　　　　　（入江）
※神戸の深和優一氏が開発したネタ。

16 何でも暗唱

暗唱はゲームです。社会科の用語解説，算数のまとめの文章などなど，何でも暗唱させましょう。

······· すすめ方 ·······

① 社会科の教科書の用語解説「例・原料　あるものをつくる時の，そのもとになる材料を原料といいます。工場では，原料に手を加えて，様々なものをつくっています」をクラスみんなで声を揃えて音読する。
② 教師は「この文章を今から1分間で覚えます。全部正確に覚えた人が勝ちです」と言う。子どもたちは1分間，ひたすら覚える。
③ 隣の人とジャンケンする。勝った人が立って，暗唱に挑戦。隣の人は教科書を見て，正しく言えているかチェックする。
④ ジャンケンで負けた人も挑戦。③と同じようにする。
⑤ 全部正しく言えた人が勝ち。立たせて，みんなで賞品の拍手を贈る。　　　　　　　　　　　　　　　　（中村）

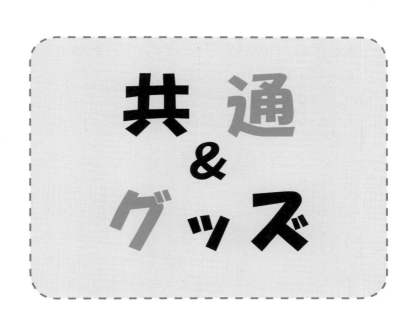

1 学習規律は合い言葉で

> 「人の話は？」(教師)
> 「黙って聞く」(子どもたち全員で声を揃えて)
> など，学習規律を合い言葉で徹底します。

すすめ方

① 「人の話は？」「黙って聞く」など，授業中の約束を合い言葉でする。合い言葉は機会あるごとにくり返し言わせる。すると，教師が「人の話は？」と言うと，子どもたちは条件反射で「黙って聞く」と答えるようになる。

② 授業中，友達の発言中におしゃべりをしてしまった子がいた時，教師は「全員起立！」と言う。子どもたちは立つ。

③ 教師が「人の話は？」と聞けば，子どもたちは「黙って聞く」と答える。そこで，「今の友達の発言中におしゃべりしなかった人，座る」と言って，座らせる。

④ 「座っている賢い人は教えてあげて。人の話は？」「黙って聞く」と合い言葉を言う。立っている子に「合い言葉の約束ぐらい，ちゃんと守りなさい」と厳しく注意する。

⑤ 合い言葉は，他に，次のようなものがある。

「授業の始まり?」「チャイムで号令」
「姿勢が良い時?」「グー・ペタ・ピン」
(手はグー。足は床にペタ。ピンは背筋を伸ばす。)
「発表は?」「『です』『ます』つけてはっきりと」
「(休み時間になって)席を立つ前?」「準備する」
など。 (中村)

2 聞いていた？突然常識クイズ

教師の話を聞いていない子がいた時、いきなり誰でも答えられるクイズを出します。話を聞いていない子を楽しく注意できるネタです。

すすめ方

① 授業中，教師の話を聞いていない子がいた時，教師はボソッと「日本一高い山は？」と言う。

② 全員立たせ，隣の人と向かい合わせる。そして，教師は「今，出したクイズに答えます。隣の人と答えが同じなら座りなさい」と言う。

③ 教師の「せーの」の合図で，子どもたちは答えを言う。隣の人と同じ答えなら，座る。

④ 立っている子のどっちが間違った答えを言ったのか確認する。そして，間違えた子に「話を聞いていないから答えられないでしょ。クイズに正解できるように，次からちゃんと話を聞きなさい」と注意する。

⑤ くり返し行うと，子どもたちは教師の話をよく聞くようになる。

(中村)

3 授業の最初，ノートは逆から使わせる？

復習問題は，ノートの最後のページからさせていきます。見やすく分かりやすいノートを作らせる，ちょっとしたテクニックです。

すすめ方

① 授業の最初，子どもたちはノートを反対側から開き，そのページを使う約束にしておく。

② 授業が始まったら，子どもたちはノートの反対側から開いたページに日付を書く。

③ 教師は，前の時間の復習問題を3～5問，黒板に書く。子どもたちは，答えをノートに書く。答え合わせをして，丸付けをする。

④ 復習問題が終わったら，最初のページの続きに戻ってノートを取る。

⑤ 復習問題をノートに混在させずにすむ。そのため，見やすく分かりやすいノートになる。（成田）

4 授業の最初にタイムアタ〜ック！

　授業の最初，ミニ問題を出します。30秒以内にできれば合格です。どの教科でも「タイムアタ〜ック！」に挑戦させれば，授業がスムーズにスタートできます。

すすめ方

① 号令が終わると同時に，「タイムアタ〜ック！」とクラスみんなで叫ぶ。

② 教師は「中国地方の県名を全部，ノートに書きます。制限時間は30秒」と言う。
③ 子どもたちは，中国地方の県名をノートに書く。書き終わった子は，静かに手を挙げて待つ。
④ 制限時間が終わったら，教師が「広島，岡山，……」と正解を発表する。子どもたちは丸付けをする。全部書けていた子が合格。立たせて，みんなで賞品の拍手を贈る。
⑤ あらゆる教科で使える。簡単な算数の計算問題など，多くの子がクリアできる課題がオススメ。どの子も意欲的に取り組める。

(中嶋)

班の中で番号を決めておく

クラスの出席番号のように，班での班番号を決めておきましょう。班活動への指示が分かりやすくなります。

すすめ方

① 席替えをして新しい班になったら，班の中での番号を決めておく。

② 班で話し合いをする時は「司会者は1番，記録は2番の子がします」と番号で指示をする。

③ 話し合いの結果を発表する時も「今回の発表は，各班の4番の人にしてもらいます」と言う。

④ 班で配布物を取りに来る時も「各班の3番の人が取りに来ます」と指示できる。列指名のかわりに発表する子を「各班の2番，立ちなさい」と指名することもできる。

⑤ たまにお遊びで「各班の1番が3番の子に『今日もかっこいいね』とほめる！」「4番が2番の子の頭をなでる」など王様ゲームのような指示を出しても楽しい。　（梶川）

❻ 列全員が挙手したら指名

全員が手を挙げた列から指名するというゲームです。自分から発表しようとしない子にも，挙手させることができます。

······ すすめ方 ······

① 教師が問題を出し，分かった子に手を挙げさせる。
② 教師は「全員が挙手した列の子に当てるからね」と言う。
③ 指名されたい子は，同じ列の子に答えを教え，挙手するように促す。
④ この時，他の列の子が教える声が聞こえる場合がある。それで答えが分かってもOK。手を挙げてよい。
⑤ 自信がない子も，答えを教えてもらって，安心して挙手できる。また，同じ列の子に励まされて，挙手することに慣れていく。　　　　　（赤塚）

7 列対抗リレークイズ大会

　列対抗で行うクイズ大会です。最前列の子から答えていきます。正解したら，バトンを後ろの子に回し，その子が答えます。最後尾の子が一番早く正解した列が優勝です。

すすめ方

① 列対抗で行うゲーム。まずは，列の先頭の子がバトンになる物（筆箱，チョークなど）を机の上に置く。バトンのある子が，回答者。

② 教師は問題を出す。回答者は答えが分かったら，手を挙げる。

③ 指名された子が，答えを言う。正解したら，後ろの子にバトンを回す。

④ 教師が問題を出し，答える。正解したら，バトンをどんどん後ろに回していく。

⑤ 一番後ろの席の子が最初に正解した列が優勝。　　（赤塚）

スーパー早押しピンポンブー

　名前の通り，教室で早押しクイズが楽しめるグッズです。個人用ボタンが25個まで接続できます。授業でもお楽しみ会でも使えます。

すすめ方

① 教師は「スーパー早押しピンポンブー」というグッズを用意する。個人用ボタンは，班の数だけ準備する。(ネット通販などで入手可能。10000円程度かかるが，絶対にオススメ！)
② 授業の最後5分で，その時間に習ったことについて問題を出し，早押しピンポン大会をする。
③ 班で順番を決める。1人ずつ前に出て回答者になり，早押しクイズに答える。正解した班は10ポイントゲット。
④ 班の人数だけ問題を出し，全員が1回ずつは回答者になれるようにする。
⑤ 一番多くポイントをゲットした班が優勝。みんなで拍手を贈る。

(赤塚)

⑨ 色つき紙コップ

色つき紙コップを使って，自分の意見をはっきりと表明させましょう。友達の意見が目に見えるので，話し合いが活発になります。

すすめ方

① 教師は2色の紙コップをクラスの人数分用意する。子どもたちは，2色の紙コップを重ねて机の上に置く。
② 「犬派か？ 猫派か？」「携帯電話は必要かどうか？」など，意見が2つに分かれるテーマを与える。
③ 子どもたちは，犬派なら赤，猫派なら青というように，自分の意見に合わせて，上にくる紙コップの色を変える。
④ 話し合いの途中で意見が変わったら，紙コップの色を変える。
⑤ 色を決めないといけないので，どの子も自分の意見を必ず持つようになる。また，誰がどの意見なのかがはっきり分かり，話し合いが活発になる。

(入江)

10 多面体サイコロ

4面体，20面体など，様々なサイコロが売られています。これらのサイコロを使って，楽しく授業をしましょう。

すすめ方

① 教師は，定番の6面体を始め，4面体，8面体，10面体，12面体，20面体などのサイコロを用意する。

② 授業で指名する時，教師は目をつぶって，2つのサイコロを選ぶ。

③ 教師は「2つのサイコロの目を足した数の出席番号の子に発表してもらいます」と言う。

④ 教師がサイコロを振る。子どもたちは誰が当たるか，ドキドキする。

⑤ 出た目を合計し，「当たったのは……15番」と発表すると歓声が上がる。

(成田)

11 騒音計

声の大きさが一目で分かるグッズです。子どもたちは数値を上げようと、大きな声を出すようになります。

すすめ方

① 教師は、騒音計を購入する。ネット通販などで入手できる。2500円から5000円程度。
② 教科書を1人ずつ順番に読んでいく時、教師は騒音計を使い、声の大きさを計測する。

③ 1人が読み終わった後、教師は数値を読み上げる。
④ 合格ラインを超えていれば、次の子が読む。超えていなければ、次の文章もその子が読む。
⑤ 子どもたちは合格ラインを超えようと、大きな声で音読するようになる。

(赤塚)

12 ○×ピンポンブー

「ピンポン♪」「ブ〜♪」と音の出るグッズです。このグッズで子どもたちの答えにリアクションすれば，不正解の子も大喜びです。

すすめ方

① 教師は○×ピンポンブーを準備する。インターネットなどで購入できる。1000円程度。
② 授業中，教師の質問に子どもが答えた時，教師は○×ピンポンブーを取り出す。
③ ○と×を交互に見せながら，「その答えは，……」と言う。子どもたちは，正解か不正解かドキドキする。
④ 教師は答えに合わせて○か×を見せる。そして「ピンポン♪」か「ブ〜♪」のボタンを押す。子どもたちは大喜び。
⑤ 早く答えさせたい時には，×のボタンを短く「♪ブ，ブ，ブ，ブ……」と鳴らし，回答を急かすのも良い。クイズ番組の時間切れの時のようで，子どもたちは喜ぶ。　　（梶川）

13 両面名札

> 黒板に貼る子どもたちの名札。表裏で色を変えて,両面使えるようにしましょう。アイディア次第で様々な使い方ができて便利です。

すすめ方

① 教師は,黒板に貼る子どもたち全員分の名札を用意する。表は白,裏は青にして,両面使えるようにする。
② 「1日1回以上は発表しよう」と目標を立てる。
③ 授業中,発表した子がいたら,その子の名札を裏返して青にする。
④ パッと見ただけで,誰が発表していないか分かる。子どもたちは,名札を裏返せるように進んで手を挙げる。

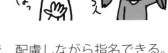

⑤ 教師も,誰が発表していないのか把握できるので,配慮しながら指名できる。

(赤塚)

14 卓上ベル

卓上ベルを教室に用意しましょう。レストランなどに行くとお会計の所にある,あのベルです。様々な合図として活躍します。

すすめ方

① 卓上ベルを教室に持ち込む。子どもたちは,「それ何？」と興味津々。

② 教師は「先生が『チン』とベルを鳴らしたら,おしゃべりを止める合図です。練習してみるよ」と言う。

③ 子どもたちにおしゃべりさせる。そして,「チン」と鳴ると同時におしゃべりを止めさせる。

④ くり返し練習する。すると,子どもたちはベルの音を聞くと黙るようになる。

⑤ その他にも,ゲームなどで得点が入った時や時間切れの合図など様々な場面で使える。

(入江)

15 変わり差し棒

いろいろな種類の差し棒が売っています。ちょっと注目させたい時に便利です。

すすめ方

① 教師は雑貨屋などで，いろいろな種類の差し棒を買う。100円均一ショップにも売っている。
② 授業中，黒板や提示した資料に注目させたい時。普段の差し棒ではなく，変わり差し棒を使う。
③ 変わり差し棒に気づいた子が「それ何？」と言う。差し棒に注目が集まる。
④ さらに注目させたい時は，う○こ差し棒がオススメ。子どもたちは笑顔で注目する。 (中嶋)

執筆者一覧 （所属は執筆時）

「ほっとタイム」メンバー

赤塚	理	東海市立加木屋中学校
入江	未希	大府市立石ヶ瀬小学校
奥井	貴仁	半田市立乙川小学校
影近	雄一	大府市立大府北中学校
梶川	高彦	東浦町教育委員会スポーツ課
杉浦	遼平	公立小学校
鈴木	光城	公立小学校
中嶋	早弥	大府市立東山小学校
成田	翔哉	大府市立吉田小学校
坂野	優貴	三重県津市立一志東小学校
吉田	賢二	半田市立宮池小学校

教師サークル「ほっとタイム」

2010年2月設立。愛知県の公立小中学校教員中心に集まったサークル。

「ほっと」できる場,「ホット」に語り合える場として月1回集まり交流している。教職を目指している学生向けの講座や現職向け講座なども幅広く開催している。